나를 떠나 나를 만나다

시
인
의
말

혼하디흔한 풀꽃들이
예쁜 줄도 모르고 살다가
나이가 드니 눈에 들어온다.

스무 살 어느 날이었다.
문득 나라는 존재가 점점 작아져
돌멩이가 되고 먼지가 되어
그만 사라져버리면 좋겠다 생각을 했다.

그때부터였나보다.
'나는 누구지?'
그 막막한 질문 앞에서 나는
외로운 마음을 달랠 길 없어 시를 쓰기 시작했다.

스무 살에서 서른두 살까지 무던히 애쓰며
방황했던 시간들.
그러다 시작하게 된 나를 돌아보는 명상!
뿌연 안개 속에 살다가 밝은 태양 아래
모든 게 선명해지듯

나를 버림으로써 비로소 만난 내 안의 나.
가장 가까이 있어도 가장 멀리 있었던
나를 만나는 여정
그 길 위에서 만난 것들이
시로 남아 있다.

차례

1부 산책길에서 시를 만나다

외로움이 숨가쁠 때면	15
스물네 살엔	16
안개꽃	17
선인장	18
한 송이 꽃	19
운주사	20
금탑사 풍경	21
겨울 계룡산	22
바람꽃	23
비가悲歌	24
내 탓	25
동학사의 가을	26
시 쓰는 날	28
산길	29
무위사	30
질경이처럼	31

2부

깊고 따스하고 나지막한

목련	35
말없음표	36
가을의 시	37
너	38
꽃 진 자리	39
꽃무릇	40
스물 하나엔	41
속 빈 강정이 되어	42
창고지기	43
광화문에서	44
일기를 태우며	45
젊은 시인에게	46
나목으로 서는 겨울	47
날개 없이 날다	48
하늘	50
사람들이 사는 강가에서	51
우담바라	52

3부

사랑은 나를 시인으로 만들고

옷깃을 여미며	57
사랑의 레시피	58
민들레	59
해바라기	60
바보사랑 1	62
바보사랑 2	63
바보사랑 3	64
바보사랑 4	65
겨울비	66
장마	67
가을 나무처럼	68
고독	69
꿈	70
스물일곱의 노래	71
숨바꼭질	72
가버린 이에게	73
동행	74
안부	75

4부

내 기억과 삶의 자리

일터에서	79
감꽃	80
산도라지꽃	82
보리밟기	84
들	85
묵혀진 땅	86
농투산이	88
장날	90
멸치젓	92
냄비를 닦으며	93
이사 전날 밤	94
산다는 것	96
청소부	97
더하기 사랑	98
강	100

해설 / 김규성 시인   103

1부

산책길에서 시를 만나다

외로움이 숨가쁠 때면

뜀박질을 한다

뛰어도, 뛰어도
늘 제자리

그래도 가끔
뜀박질을 하고 나면

숨이 가빠 외로움도
잠시 잊는다

스물네 살엔

비탈진 길 위에 서면
낮은 포복으로 불어오는 바람

어제와 다른 오늘을
헝클어진 가슴으로 부대끼며

조그마한 기쁨 하나 건져내는 것도
때로는 힘겨워라

켜켜이 쌓인 먼지를 털 듯
스물네 해 때 묻은 옷을
훌훌 벗어내야겠다

안개꽃

아침이면 되살아나는

밭은 기침소리

살아있는 기쁨이여

앓고 있는 모든 고뇌

다 토해내고

깨끗한 물 한 잔에 빈 속 채워도

배고프지 않을 삶

한줌 재로 사라질 날 두고

잠시 외로워도

한아름 안개꽃을 살 수 있었으면

선인장

당신은 언제나 새로 솟는 샘물

마시면 마실수록 타오르는 갈증

날마다 살점 위에 가시가 돋아도

아픔도 목숨처럼 아끼게 하소서

한 송이 꽃

가진 것 버리기 위해
살아가는 삶이게 하소서

가진 것 하나 없어도
가진 게 가장 많은 것임을
어리석은 제게도 깨우쳐 주소서

날마다 눈물로 일어서는 기도가
헛되이 부서지는 아픔이어도

당신을 향해 피어오르는
한 송이 꽃이게 하소서

운주사

저리도 많은 석탑과 불상이
때로는 산모롱이에
때로는 바위 위에
제각각 모양으로
서 있고
앉아 있고
누워 있네

모난 돌이 정에 맞아
불탑도 되고 석탑도 되는 것

내 마음에 정을 때려
작은 연꽃 하나 피워볼까

금탑사 풍경

천년 세월을 보듬어

가부좌를 튼 극락보전

세상의 이치 다 가늠한 듯

지그시 눈 감고 풍경風磬소리 듣는가

산문山門도 나서지 않고

천일기도하는 비구니 스님

엎디어 절하고 또 절하고

그 모습 슬쩍 훔쳐보는

꽃 대궁만 남은 석산화石蒜花

스님 따라 엎디어 절하네

겨울 계룡산

눈 내리는 계룡산이

오뎅을 판다

손님은 가고 없어 고요한데

활활 장작불에

망념이 탄다

바람꽃

내 죽은 자리에서

바람꽃이 피었습니다

가고자 한 곳

거침없이 갈 수 있는

바람꽃이 피었습니다

때가 되면 피었다가

때가 되면 지고 마는 바람꽃

보이는 것도

보이지 않는 것도

모두 하나지만

죽지 않고선 도무지 알 수 없습니다

비가悲歌

또 긴 밤을 보내고 잠 깨면

살아갈 날이 아득하다

널 보내고 지나온 세월

이젠 잃어버린 길

꿈결에도 더듬는

너에게로 가는 길

어둠에 묻힌 그 교회당엘 가면

쓸쓸한 너의 눈빛 찾을 수 있을까

네가 불러주던 나직한 노래가

아직도 십자가에 걸려

바람에 흔들리고 있을까

아픔으로 버티어 선 이 세상

차마 놓을 수 없는 너의 기억

이승의 삶 다하는 날

나 바람 되어 너에게로 가리

내 탓

모든 게 내 탓입니다
톱니바퀴처럼 맞물리지 못한 것

당신에게 상처가 되라고 한 것도 아닌데
자꾸 어긋나기만 합니다

아직 내가 살아있는 까닭에
내가 살아있는 만큼
당신에게 상처가 됩니다

내 탓입니다
내 못난 탓입니다

동학사의 가을

가을 지기 전
서둘러 동학사에 올랐다

붉은 빛 투명한 계곡물에
시리도록 손 담그는 계절

사람들은 울긋불긋 배낭을 메고
단풍잎처럼 서성거린다

느릿느릿 걸음을 옮길 때마다
지난 가을이 뒤따라와 생각은 많은데
어느새 돌계단 지나 대웅전

곱게 단청한 새 모습은
세월의 흔적을 지웠어도

얼마나 많은 가을을 지내왔는지

달라질 건 없는데

시월이면 대전행 기차에 오른다

시 쓰는 날

눈이 내리는 산동네에서
눈이 내리는 양만큼
시를 쓰고 싶었다

어디선가 산까치도 날아가고
골목마다 하얗게 묻어나는
아이들의 동요소리 고운 아침

미처 걷지 못한 빨래 위로
층층이 쌓이는 눈송이들의 포근한 웃음소리

낙엽 마냥 흩어진 연탄재 쓸쓸한 모습도
오늘은 제법 오래 남아
곤한 풍경이 된다

눈이 내리는 산동네에선
잊고 있던 표정들이 되살아난다

산길

산을 오르면 풀숲에 구절초 하얗게 피어
가는 사람 붙잡고 잠시 쉬어가라 하네

저만큼 더 오르면 고단한 집채 벗어버린 민달팽이
그냥 조금 더 쉬어가라 하네

나무 사이로 불어오는 바람
귀엣말로 슬쩍 그늘에 앉아 땀 식혀 가라 하네

사노라면 허둥허둥 몸도 마음도 바빠
잠시 쉬어 갈 여유조차 없는 내게
산은 온몸으로 말하네

쉬어가라고
괜찮다고

무위사

싸안은 듯 내친 듯
휘이 내려 뻗친 월출산 줄기 아래
고즈넉한 웃음으로 머무는 자리

싸리비질 정갈한 마당 지나
맞배지붕 고요한 극락보전

단청 없어 차라리 고운
해묵은 빛 무위사

은은한 풍경이 우는 시월 한낮
톡톡 터지는 봉숭아꽃씨

인적도 없는데
산그늘 더불어
가을이 오고 있다

질경이처럼

질기게 살아 볼랍니다

까짓 것 세상 사는 게
다 거기서 거기 아닌가요

삶의 쓴맛 단맛 아직 잘 몰라도
웃음 나면 웃고
눈물 나면 우는 거죠 뭐

질기게 버텨 볼랍니다

그러다 보면
내 한평생
자알 살았다 크게 웃을 날 있겠지요

2부

깊고

따스하고

나지막한

목련

봄 오기 전부터 앓는가

숨 막히도록 부풀어 오르는 가슴
가만히 숨죽이며
봄 앓는가

피고 싶어 안달하는
물오른
가지 속의 너

말없음표

그대 가슴속에 부서지고픈

투명한 소리

울림도 없는 고요한 적막 가르며

가장 아름답게 소멸하는

눈물 진한 그리움

허전한 몸부림에 가슴 떨리는

그대 앞에선 늘

말·없·음·표

가을의 시

언젠가부터 가을이 진을 치고는
아예 떠날 줄을 모른다

겨울이어도
봄이어도
내게는 오직 가을만 남는다

아픔 뒤의 아련한 기억처럼
시간이 정지된 사진 한 장
낙엽 되어 가슴속에 날아와 박힌다

너

너를 보면 갖고 싶다

너 이전의 너와
나 이전의 나는
이미 하나였거니

그 모든 생각 생각들이
너와 나를 하나가 아닌
둘로 갈라놓아
아스라한 기억들만 더듬게 한다

세월의 흔적을 말갛게 지워
언제쯤 그 시절로 돌아갈까
돌아보면 멀지 않은데

가까이 있어도 너무 멀어
손 내밀어도
닿지 않는다

꽃 진 자리

비온 뒤 철쭉꽃이 졌습니다

질 때 졌겠지만
꽃잎 진 자리마다
그리움이 피었습니다

꽃무릇

온 것도 같은데
온 바 없고
간 것도 같은데
간 바 없어서
종일 허둥허둥 당신을 찾습니다

절간 돌계단에 우두커니 앉아
꽃 이파리 질 때마다
눈물입니다

텅 비어 아득해져서
모든 게 꿈 같습니다

스물 하나엔

서걱이는 억새풀에 손을 베고도

하나도 아프지 않은

바람이나 되었으면

외론 세상에

잠시 떠돌다 사라질

별똥별 하나

뒤척이는 밤마다

못다 부른 이름들

스물 하나엔

붙잡지 못한 시어詩語처럼

사랑이 그립다

속 빈 강정이 되어

속 빈 강정이고 싶다

숨길 마음조차 가지지 않는
텅 빈 몸뚱이고 싶다

오욕五欲의 날들
고운 체에 걸러내어

그대 입 속에 오소속 오소속 부서지며

내 하나 녹여 버리고 싶다

창고지기

내 안은 창고

수시로 그 안을 들락거리며
하루를 만들고
내일을 만들어 간다

나는 창고지기

때때로 아주 가끔 창고 문에
빗장을 건다

"관계자 외 출입금지"

광화문에서

바람 부는 광화문 네거리에 서면
타인의 모습으로 외로움에 젖는다

때때로 나를 고스란히 남겨둔 채
버스를 타고 떠난다

슬프지 않아도 항상
목마른 거리

광화문엔 가끔
바람이 불지 않았다

일기를 태우며

일기를 태운다
과거를 태운다
기쁨과 괴로움
내 안에 살아 꿈틀대던
그 모든 몸부림들을

흩어지는 연기
까르르 웃으며 손 흔든다
초라한 잿더미마저
주저 없이 날려 보내고

아, 나는 또다시 쓸 것이다
내 안에 꿈틀대며 태어날
새로운 날들을

젊은 시인에게

그대는 평범한 일상에서

보이지 않는 말을 보는

페이지 없는 시집

술에 취해 흐트러진 모습조차도

정돈된 사람들보다

더 정직한 언어

그대는 오늘을 살아가는 사람들의 가슴에

단비로 내리는 꿈

나목으로 서는 겨울

겨울이 파고드는 숱한 나날을
메마른 나목으로 서다

바람이 휘모는 극한 추위를
가슴으로 안으려다 쓰러지는 하루

삶이 죽고 죽음이 사는 이 계절에
여지없이 날리는 눈발이 굵다

날개 없이 날다

마음 속 구석구석 묻어두었던 지난 일들

속속들이 끄집어내어 불을 지핀다

눈물이고

한숨이고

그리움이고

원망이고

미움이고

아픔이던 그림자들이

활활 타오른다

태우면 없어져버릴

시간의 흔적들

무거운 짐 지고 살아온 세월

마음의 사진들이

하나하나 타오를 때마다

한없이 비워지는 충만함

삶의 흔적들이

다 사라져버린 자리에

오롯이 피어나는 자유의 노래

날개 없이도

훨훨 날아오른다

하늘

빈 그네에

하늘이 가득 앉았습니다

가만가만 밀어주는 산들바람에

하늘이 빙그레 웃습니다

사람들이 사는 강가에서

강가에서
조개 껍데기만한 꿈을 줍는다

저마다 한번쯤은
화려한 비상을 꿈꾸는 새
그러나
언젠가는 추락해 갈 날개

세상만사 모두가 집착인 것을
움켜쥐면 놓지 않는 욕심인 것을

저무는 강가에서
한번쯤은 미련 없이 버리고 말자

우담바라

우담바라 피는 자리
따로 있는 줄 알았더니
곳곳에 우담바라
지천으로 피었다

삼천 년에 한 번 핀다기에
어느 천년에나 볼까 했는데
어제도 천년 오늘도 천년

살아서 죽으니
삶도 없고 죽음도 없다

먼 길 돌아 돌아
지금에야 이르니
처음부터 그 자리

헤매고 또 헤매었구나

우담바라 꺾어 들고
빈 마음으로 바라보니
온 우주가 내 안에서
환히 웃는다

3부

사랑은 나를 시인으로 만들고

옷깃을 여미며

허상의 기둥 아래
몸부림 같은 춤을 추다가
언젠가는 홀연히 사라질
껍데기인 것을

아니라고 아니라고 고개 흔들며
내 것만을 고집했다

산다는 건 결국
죽음 위를 걸어가는
한발 내디딤의 조심스러움

오늘밤도 바람이
내 영토에 들어오지 않도록
문을 꼬옥 닫아야겠다

사랑의 레시피

그리움 한 근
외로움 한 단
기쁨 한 쪽
아픔 한 뿌리
괴로움 두 묶음
기쁨 한 쪽
미움 두 쪽
자존심 두 근 반
기다림 한 봉지

오늘도 나는
사랑을 담근다

민들레

한순간도 그대에게
가고 싶지 않은 날 없다

지나가는 길손인 그대
담장 아래 피어 있는 나를
보지 못한다

바람 불면 그대에게 가고 싶다
비가 오면 그대에게 가고 싶다

앉은뱅이 꽃
일어서고 싶은 욕망이
불씨 되어 날아간다

해바라기

가난해서 더욱 부자인
스물셋 젊음으로
욕심껏 사랑했다

…해바라기…

눈부신 태양을 좇아
한없이 절망하는
뜨거운 사랑

가을 달밤
눈물처럼 쏟아져 내릴 꽃씨

아낌없이 무너져 내려도 좋아라
봄이면 무더기로 피어날

내 분신

나는 그대의
해바라기꽃

바보 사랑 1

그대는
내 온 맘 흔들어 놓고 가는
바람이었다

언제고 그대 가고자 한 곳
마음대로 갈 수 있는 자유였다

그러나 나는
한 그루 나무였다

그대 때문에
뿌리째 흔들려도
아무런 말도 할 수 없는

벙어리 나무였다
바보 나무였다

바보 사랑 2

그대와 나 사이

강 하나 흐르고 있어

닿을 수 없네

내가 디딜 한 뼘

마음의 땅 그리워도

차갑게 흐르는

강 하나 때문에

대낮에도 나는

어둠 속에 있고

그대는 늘 닿지 않는 곳에서

시린 별 하나로 떠오르네

바보 사랑 3

그대를 만나지 못하고 돌아서는

광화문 네거리엔

비가 내렸습니다

우산을 써도 마음이 젖는

외로운 거리

어쩌면 나는

그대 옆을 지나쳐야만 하는

행인이었는지도 모릅니다

바보 사랑 4

나는 늘 너에게서
자유롭지 못하다

네가 붙잡는 것도 아닌데
나는 너에게서
한 발짝도 떼지 못한다

눈을 감아도 너는
내 안에서 펄펄 살아 움직이는
갓 잡은 물고기

잡으려 해도 잡히지 않는
매끈한 몸매의 너

겨울비

이렇게 살아

빗소리를 듣는다

이젠 빗물에도 씻겨 갈

그리움의 조각들

이렇게 살아

누군가 또 한 사람

빗소리 듣는 이 있다면

그 사람을

사랑하고 싶다

아직 남아있는 반쪽의 삶을

송두리째 맡기고 싶다

장마

누구일까

불시착 비행기처럼
아무데서나 불쑥 비를 뿌린다

햇볕 쨍한 날에도
갑자기 후두둑!

우산 하나 받쳐 들고
너에게로 간다

가을 나무처럼

온몸의 향기로 피워 올린 고운 빛깔

미련 없이 떨구어 내는 가을 나무처럼
널 잊으련다

내 영혼의 촛불로 피워 올린 고운 사랑
차갑게 외면했던 가슴 시린 사람아

가을이 가면
선연한 가을이 가면
아무것도 갖지 않는 빈 가지처럼
널 잊을 수 있을까

봄이면 애먼 그리움 또다시 움터올지라도
가을에는 미련 없이 널 잊겠다

고독

밤늦은 시간
문단속 잘하고 자라는
전화 한 통화 받는 이는
그래도 행복하다

밤이 늦어도
제 기능을 상실한 전화는
침묵만 지킨 채 졸고

나는 어슴한 달빛 창가에 앉아
어디에도 없는
전화를 기다린다

꿈

숨 막히는 불면의 연속
나는 꿈꾼다, 그대를

모든 것이 희미한 가운데
내 기억은 어디론가 숨고

눈을 감아도
내 안에서 선명히 웃는
그대

어둠 저편에서 누군가
하늘을 향해
구름사다리를 놓는다

스물입곱의 노래

가슴에 빗장을 걸고 살았던 건 아니야

어쩌다 지나는 한 줄기 바람이

저도 모르게 빗장을 걸었던 것이지

그대를 꿈꾸지 않았던 건 아니야

청춘이 분분하던 시절

단지 그대가 나를 비껴갔을 뿐이지

그냥 가!

가던 길 멈추고

내 빗장을 열려 하지 마

숨바꼭질

숨어야 되는데

머리카락도 안 보이게 꼭꼭
아주 꼭꼭 숨어야 되는데

눈을 동그랗게 뜨고
나를 응시하고 있어

뒷걸음치다가, 뒷걸음질치다가
푸시시 빠져드는 늪

이대로 깊이
숨어버릴까?

가버린 이에게

증명사진 확대한
표정 없는 그대 얼굴

스물다섯 고운 나이가
오늘은 너무 설워

국화꽃도 흐느끼는 그대 빈소

향불 사르는 사람들의 가슴에
하얗게 남아
이제는 그대 어디로 가나

살아서 좋은 일 외로운 일
모두 다 접고

호젓이 길 떠나는 한 마리 새

동행

그대가 웃습니다
그대가 웁니다
그대가 화냅니다
그대가 아파합니다
그대가 짜증냅니다
그대가 외롭습니다

그대 안에 내가
내 안에 그대가 있습니다

안부

찬바람이 가슴을 치고 들어와

윙윙 소리를 낸다

생각지도 못한 곳에서

문득 떠오르는 그대

바람 되어 그대 가슴에

윙윙 소리 내고 싶은

12월의 끝자락

그대 몸 성히 잘 있는가

4부

내 기억과 삶의 자리

일터에서

시큼한 땀방울들

소금기로 배어나는 작업복에

철근을 메고 벽돌을 쌓고

휘청이는 허리에 감겨드는

오십 줄의 삶

가파른 하늘 길

철 계단을 오르내리는

후들거리는 날들

하루가 끝나면

텁텁한 숨구멍 막소주로 틔우고

카아, 오늘은 하늘의 별이라도

가득 안아볼 일이다

감꽃

감꽃을 먹던 시절

어머니, 그 시절엔 늘 허기가 졌습니다

먹어도 먹어도 배가 고픈 감꽃의 서러움으로

와락 달려드는 나를 옴싹 보듬어 다독이면서

당신은 또 얼마나 그렇게 우셨습니까

그해, 그 푸지던 감꽃마저 지고

감나무 가지 앙상히 시린 겨울날 아침

젓갈동이 힘겹게 이고 싸리울 나선 당신은

어둑해질 무렵에야 집으로 돌아오셨습니다

온종일 팔아도 보리쌀 몇 되 되지 않는 시름은

오촉 전깃불만큼이나 당신을 어둡게 했고

어쩌다 떡이라도 하실라치면

빈 동이 가득 만월滿月을 담아

당신도 만월이 되셨습니다

살아온 당신의 생애가 온통 배고픔이면서도

몸빼바지 하나 사 입기를 주저하시는

감꽃 같은 어머니

이제 그 감꽃 아니어도 배가 부른 세상

때 아닌 허기가 집니다

다시금 감꽃, 그 서러움이 피면

따순 바람 불어오는 감나무 아래서

오지도록 그 감꽃 먹어나 볼까요

산도라지꽃

한 대야 가득 물에 불린 산도라지
껍질 벗기기도 전에 좀이 쑤신다

새벽장에 나가
돈 몇 푼 손에 쥐는 대가치곤
손 가는 게 많은 고달픔
성가신 마음이어도
당신 앞에선 드러낼 수 없다

한나절 지나 서울로 가면
언제나처럼 앨범 속에 묻힐 고향집
모처럼 마주한 가슴끼리
미루어 둔 공백을 메운다

살다 보면
도라지 잔뿌리처럼 자라나는
삶의 욕망들

잔뿌리 툭툭 끊어내는
갈라터진 손앞에
슬그머니 감추고픈 멀건 손

당신은 문득 옛일이 그리운 것인지
말머리마다 지난 시절들이
묻어나온다

목까지 차오르는 속이야기 대신
당신 얘기만 실컷 들어도 좋은 날

가을 햇살에
좀 쑤신 마음도 슬몃 녹아들고
당신 웃음에선
산도라지꽃 냄새가 난다

보리밟기

꾹꾹 밟그라

그래야제 보리가

별 탈 읎이

자알 자라니라

들

몇 안 되는 벼 이삭
엉성한 허수아비까지
죄다 챙겨 가버리면
허한 가슴팍만 남습니다

빈 몸으로 누운 내게
오랜만에 빛 고운 석양이
포근히 감기어 옵니다

묵혀진 땅

선조의 선조들은 꿈에라도 생각 못할

아아 나는 묵혀진 땅이 되었네

서릿발 시린 겨울을 감당케 했던

여린 보릿잎새

꿈결인 듯 철벅이며

못자리를 고르던 부드러운 손길

튼실히 뿌리 내리던 벼줄기와

황금빛 벅찬 감동의 들판을

이제 어느 좋은 시절 있어

다시 만나리

태초에 아무것도 아니었을 나를

일구어 깨어나게 했던

천하지대본天下之大本 그 자손들은

지금 어느 도시 아래

흩어져 살까

내 허전한 몸 위로

가을은 왔는데

지금은 묵혀진 땅

잊혀진 땅

농투산이

이제는 빈 지게를 짊어져도

힘이 드십니까

주름살 깊이만큼이나

뼈마디 쑤시는 노동의 삶을

삽자루 하나에 의지한 채

살아가시는 아버지

한숨인 양 피워 문 담배연기 사이로

젊은 날의 아버지는

어린 딸을 지게에 지고

허허거리며 웃으시는데

육십이 다 되도록

소작농을 하면서도

그것마저 숙명인 듯

말이 없으신 당신

오늘도 굴 껍질투성이 갯논에서

찰진 흙 한 삽 퍼올리신다

장날

싸그락 싹 싸악
새벽 찬물에 쌀을 씻고
생솔가지 넣어 불을 지피셨습니다
문틈으로 들어오는 매운 연기에
아랫목에 누운 내가 당신 대신 쿨럭 기침을 하는
바람소리도 시린 겨울날

김장김치 한 가지에 숟가락 젓가락 나란히 놓고
따뜻한 눈길을 덮어 놓으신 당신은
먼 길을 걸어 장에 가셨습니다

늦은 아침을 먹고 당신이 돌아오실 동구 밖을 내다보면
얼어서 붉은 손에 사탕봉지 들고 오시는 당신

사탕 한 알 입안에 녹여 내릴 수 있어 좋았던 어린 날

당신의 힘겨움도 녹여 내리고 싶었습니다

싸그락 싹 싸악

지금도 가슴을 후리고 들려오는 쌀 씻는 소리

멸치젓

소금에 절인 은빛 몸뚱이들
한 계절 내내 푹 삭혀졌다

잘난 것 못난 것
싸그리 어울려
한 빛깔로 차오르는 항아리 속

겁나는 식욕

먼 바다의 추억이
식탁 위에서 넘실댄다

냄비를 닦으며

냄비를 닦는다

거품 속에 씻기는 시간의 흔적들

콸콸 수돗물에 말갛게 헹궈내도
가시지 않는 우중충한 빛깔

이제는 버릴 때도 되었건만
선뜻 손가지 않는 마음

오랜 날을 같이한 정이
선반 위에 가만히 놓인다

이사 전날 밤

진작부터 떠났어야 할 곳
십년이 다 되도록 등 붙이고 살았다

한 몸 누이면 꽉 찬 방에
그리움도 쌓고 미움도 쌓으며
이 모양 저 모양으로 살림을 꾸렸지

그 많은 날들을
오늘밤에는 차곡차곡 접어서
한 켠에 둔다

나와 더불어 살아온 시름
모조리 버려두고
새벽빛 고운 기운에 쓸려
미련 없이 떠나리라

잠 못 드는 이사 전 날

밤이 섣달 그믐날 같다

산다는 것

한길 가 인적도 드문데
몇 년째 포장을 치고 붕어빵을 파는
김 씨 아저씨

수북하게 식어 있는 붕어빵을
지나칠 수 없어 한 봉지 사면
덤으로 가득 담아주는 투박한 손길

붕어빵 찍어내듯 반복되는 일상에
가끔은 팥 앙금 대신
피자 앙금을 넣는 것이
우리네 삶인가

건네 오는 오뎅 국물에도
뜨끈하게 배어 있는
산·다·는·것

청소부

어둠을 쓸어 담으며
새벽을 연다

어슴푸레한 달빛 받으며
휘어진 등허리를 펴면
커억 컥 목이 잠겨
메마른 기침부터 쏟아진다

서둘러 쓸어 담은 어둠이
고스란히 리어카에 차면
그제야 부지런히
새벽 속을 걷는다

밤이 오기 전
아무도 몰래 어둠을 부려 놓기 위하여

더하기 사랑

재잘거리는 아이들 속으로

긴장이 슬그머니 풀어지는 오후

속눈썹 길게 졸음을 달고

하나 더하기 둘을 세는 다섯 살 수영이

삐뚤빼뚤 글씨를 쓰다 말고

도화지 가득 꽃을 그리는 하늘이

투명하게 달려드는 아이들

양 팔 가득 안으면

때때로의 힘겨움이

크림빛깔로 녹아드는 키 작은 세상

초롱한 눈망울들 돌아간 빈 교실에

여기저기 흩어져 있는

해맑은 웃음소리

날마다 행복을 줍는

아이들의 선생님

강

그리움을 물고
그리움을 밀며
나직하게 흐르는 강

수많은 사연들이
흐르고 흘러들어
깊이깊이 흐르는 강

아득한 전설처럼
수선화가 핀다

해설

고독한 성찰의 샘에서 길어 올린 청아한 영혼의 모어

고독한 성찰의 샘에서 길어 올린
청아한 영혼의 모어

김규성 시인

1. 구도적 직관과 사유의 결정(結晶)

　냉철한 지성과 따뜻한 감성의 결합체인 시인은 세상이 어두울 때는 촛불을 밝히고, 평소에는 건강한 사회를 위해 스스로를 맑고 밝게 다스리는 자아 수련을 공감대 형성의 주

무기로 한다. 이를 위해 시 창작에 곁들여 선(禪), 명상, 요가, 기도 등 다양한 방법이 동원된다. 자연과의 대화, 산책도 그 중 하나일 수 있다. 따라서 좋은 시는 개인의 정서순화와 더불어 사회 보편의 정서를 미학적으로 승화하는 순기능을 한다. 예컨대 한 편의 시, 시 한 구절이 독자들의 얼어붙은 상처를 따뜻하게 어루만져 줄 수 있다면 그것만으로도 시는 널리 읽힐 가치가 있다. 이 부분은 김현이 오랫동안 일기처럼 묵혀두고 틈틈이 갈무리 해온 시를 엮어 세상에 선보이게 된 출사표의 핵심이다.

 소녀(少女)와 수녀(修女)는 주어 여(女)를 수식하고 있는데 상징적 공통점으로 순수한 감성과 순결에 대한 경건한 의지를 꼽을 수 있다. 흔히 소녀적 감성이라는 표현을 사용하는데 이는 순결하고 소박한 정서를 가리킨다. 수녀는 순수 감성을 원소로 각별한 인고와 의지의 옷깃을 여미어 절제와 근검이 몸에 밴 수도자적 일상을 추구한다. 그러기에 그들의 삶 자체가 한 편의 서정시일 수 있다. 예컨대 많은 독자들이 이해인 수녀의 시를 꾸준히 애송하는 것은 그가 수녀의 신분으로 일관되게 추구해 온 순수한 감성과 절제, 성찰, 아가페적 이웃 사랑이 일반 시인과 다른 공감을 불러일으키기 때문일 것이다.

김현은 곤고한 세파 속에서도 한결같이 청정한 소녀적 감성을 지켜왔다. 거기에 제복만 입지 않았을 뿐 수녀 혹은 비구니나 다를 바 없는 몸/마음가짐으로 청춘기의 고뇌와 고독, 상처를 안으로 깊이 갈무리해 왔다. 아울러 순수한 감성, 명상, 기도, 성찰을 통해 내면을 다스리고, 숨은 봉사와 헌신, 이웃 사랑으로 신실한 사회적 성취감을 다져왔다.

김현의 삶과 시를 견주어 가며 읽다 보면 이해인과 더불어 또 한 사람의 시인을 떠올리게 된다. 13세기 페르시아의 신비주의를 대표하는 잘랄아딘 루미다. 그는 깊은 슬픔조차도 생의 활력소로 승화하는 정신력을 발휘했다. 또 금욕주의와 명상, 기도를 통해 고차원의 정신적 경지에 이르러, 신의 사랑을 갈구하는 인간의 모습을 시로 형상화하였다. 이런 잘랄아딘 루미 시인이 김현에게 끼친 영향을 계량적으로 단정할 수는 없지만 김현 역시 정신수양에 지대한 관심을 지니고 평소 깊은 산과 저자거리를 번갈아 가며 수행자나 다름없는 마음수련을 꾸준히 해왔다. 또 미지의 신을 향해 정진하는 결곡한 의지를 무기 삼아, 삶의 그늘과 피곤을 내적 충만으로 전환하는 이고득락(離苦得樂)의 지혜를 생활화 해왔다.

이 시집의 굳게 닫힌 문을 여는 권두시 「외로움이 숨가쁠 때면」은 그동안 시인이 숨가쁘게 갈고 닦아온, 이를테면 실제의 시간보다 몇 곱이나 긴 여정의 현주소를 되묻고 있다.

뜀박질을 한다

뛰어도, 뛰어도
늘 제자리

그래도 가끔
뜀박질을 하고 나면

숨이 가빠 외로움도

잠시 잊는다

-「외로움이 숨가쁠 때면」전문

　몰입은 창작의 기본 요건으로 복잡한 현실을 잊는 최선의 진통제다. 화자는 외로움을 잊기 위해 제자리에서 뜀뛰기를 한다. 그러나 단순한 운동이 아니다. 숨이 가빠 외로움을 잊는 것은 몰입을 통해 평상심에 이르는 처방을 가리킨다. 외로움은 자기 충전과 성찰의 기회일 수도 있지만 대개 잡념과 번뇌를 불러일으키는 동인이기 쉽다. 이를 다스리거나 예방하기 위해 명상, 좌선, 요가 등을 한다. 또 기도, 깊은 탐구나 사색도 그 일환일 수 있다. 이 시는 몰입이 그 핵심인 마음수련의 비결을 한 마디로 일러주고 있다.
　다음 시「겨울 계룡산」을 보자.

눈 내리는 계룡산이

오뎅을 판다

손님은 가고 없어 고요한데

활활 장작불에

망념이 탄다

-「겨울 계룡산」 전문

 오뎅을 파는 주인은 자리를 비우고 주인 대신 계룡산이 그 화덕을 지키고 있다. 이를테면 계룡산이 겨울 입산객들을 맞으며 따뜻한 오뎅을 대접하는 셈이다. 그러나 주인이 없듯이 손님도 뜸하다. 주객이 따로 없이 홀로 제자리를 지키는 포장마차지만 그 불이 겨울 계룡산 입구를 덥혀주고 있다. 그것을 화자는 망념이 탄다고 한다. 이 정경을 우주로 확대해 보자. 우주에 어디 주객이 따로 있는가. 다만 저마다의 입장을 세워 주인노릇을 할 따름이다. 그런데 이처럼 애써 주객으로 나누고 그 이해를 다투는 데서 망념이 싹튼다. 화자는 그 이치를 계룡산을 빌려 역설적으로 일러주고 있다. 심원한 정신세계를 엿볼 수 있는 시다.

2. 실존적 성찰의 언어

 일제강점기를 출발점으로 한국 현대시의 근간을 이루어 온 서정시는 순수한 감성을 정서적 바탕으로 100여년의 장수를 누려왔다. 많은 독자들은 일제강점기, 해방정국의 소용돌이, 남북분단과 한국전쟁, 살벌한 독재시대, 양지만큼 그늘이 많은 산업화시대 등, 힘난한 질곡의 세월을 서정시에 담긴 순수한 감성에 위로 받으며 지친 영혼을 정화해 왔다. 이와 같은 기류는 현대사회에 이르러 급격히 퇴조했지만 그만큼 맑고 밝은 심성에 대한 갈증은 절실하다고 볼 수 있다. 새삼 청정무구에 대한 필요조건과 그에 현저히 미치지 못하는 충분조건의 부실을 절감하게 되는 것이다.
 여기에서 김현의 시는 독자들의 상처를 어루만져 주고, 흐트러진 마음을 다잡아 청정심을 되찾게 해주며, 나약한 의지를 북돋아주는 등 위안과 치유의 촉매제 역할을 할 수 있다. 또 이웃, 자연, 사물에 대한 경외심과 공동체 의식을 추동하는 한편 현실/일상의 상투성에 갇힌 사유의 깊이와 폭을 심화 확장하는 데 내밀한 도움을 줄 수 있다.

  천상병은 이 세상을 "아름다운 소풍" 장소라고 했다. 그의 생이 이를 데 없이 고단하고 억울했음에도 불구하고 그는 여전히 세상에 분에 넘치는 희망과 찬사의 메시지를 전해주고 있다. 그리고 그의 대표작인 「귀천」은 당대와 더불어 후대의 각별한 사랑을 받고 있다. 아무리 힘들어도 이승은 한 번 뿐인 생을 가능하게 한 은혜의 장소이자 기회의 장소이다. 그러기에 삶을 보다 성실하고, 아름답고, 맛깔스럽게 가꾸고 누려야 할 의무와 권리가 동시에 주어진다. 그런 생을 남 탓하듯 원망하거나 비탄에 잠겨 허비하는 것은 제가 마실 우물에 침을 뱉는 이율배반이며 자가당착이다. 하루살이에겐 평생인 그 하루하루가 소풍하듯 새롭고, 설레고, 의미 있는 이들이야말로 값지고, 현명하고, 진정한 이승의 승자인 것이다. 가만 보면 새들은 우는 게 아니라 노래하고, 강물도 노래하기 위해 유유히 흐른다. 꽃은 지는 게 아니라 열매를 맺기 바쁘고 낙엽은 뿌리를 튼튼히 하기 위해 천 길 번지점프를 즐긴다.

아래의 시 「안개꽃」은 죽음을 향한 운명은 허무하지만 그럴수록 소중한 생의 고귀함과 아름다움을 꽃을 빌려 표출하고 있다.

    아침이면 되살아나는
    밭은 기침소리

    살아있는 기쁨이여

    앓고 있는 모든 고뇌
    다 토해내고

    깨끗한 물 한 잔에 빈 속 채워도
    배고프지 않을 삶

    한줌 재로 사라질 날 두고
    잠시 외로워도

한아름 안개꽃을 살 수 있었으면

- 「안개꽃」 전문

화자는 아침에 일어나자마자 자기 점검부터 시작한다. 살아있다는 사실에 대한 감사와 각오를 되새긴다. 깨끗한 물 한 잔에 빈 속 채워도 배고프지 않을 삶이다. 결국 한 줌 재로 사라질 숙명이지만 그래도 엄연히 살아있다는 사실은 그만큼 삶에 대한 의지를 강화해 준다. 그러기에 화자는 살아있는 동안 그 의미와 가치를 극대화하려고 한다. 마지막 행 "한아름 안개꽃을 살 수 있다면"은 잠시 외로워도 여유롭고 값진 삶을 보다 아름답게 가꾸고 싶은 미학적 희원이 주조를 이룬다. 불가에서 연꽃과 우담바라를 진리의 표상으로 상징화하는 것과 같은 맥락이다.

다음 시 「운주사」는 돌을 깨트리고 다듬어 완벽한 상을 이루어가는 '정'을 빌려 수행의 진수를 노래하고 있다. 화자는 시적 주제를 보다 완벽하고 지극한 삶에 두고 있는데 그 과정은 모난 돌을 다듬어 불탑을 이루는 것, 마음에 정을 때려

모를 다듬고 둥근 연못을 파 거기 연꽃을 피우는 진과 미의 합작이다.

    저리도 많은 석탑과 불상이

    때로는 산모롱이에

    때로는 바위 위에

    제각각 모양으로

    서 있고

    앉아 있고

    누워 있네

    모난 돌이 정에 맞아

    불탑도 되고 석탑도 되는 것

    내 마음에 정을 때려

    작은 연꽃 하나 피워볼까

                                            -「운주사」전문

석탑과 불상이 도처에 자리 잡고 있으니 지상 모두가 불국토요 부처 세상이다. 다만 미혹한 중생이 그 진리를 깨치지 못하고 있을 뿐, 모난 돌을 갈고 다듬어 불상을 이루는 것은 점수 후의 돈오(성불)에 비길 수 있다. 자아를 탁마하는 것을 정으로 돌의 모를 다듬는 것에 비유하고, 그 결실을 연꽃을 피우는 것으로 마무리하는 솜씨는 오랜 정신수련에서 도출된 창작의 진수다.

3. 고독한 사랑의 승화

하늘에 관망의 별이 있다면 지상엔 사랑의 별이 있다. 하늘의 별은 천체 망원경을 필요로 하지만 지상의 별은 굳이 현미경이나 돋보기도 소용없다. 사랑하면 할수록 눈을 감아도 크고 또렷하고 가까이 보이기 때문이다. 그러나 하늘의 별은 날 밝은 밤이면 언제나 초롱초롱 빛나지만 지상의 별은 가슴의 열기가 식으면 아무리 눈을 크게 떠도 이내 보이지 않는다. 그렇다고 실망하거나 겁낼 필요는 없다. 하늘의 별은 그 크기나 밝기, 존재의 유무에 내가 개입할 여지가 전혀 없지만 지상의 별은 나 하기에 따라 얼마든지 크고 밝고 뜨거운 존재로 밝힐 수 있기 때문이다. 하늘의 별은 하늘이 가꾸지만 지상의 별은 내가 가꾼다는 사실만 기억하면 되는 것이다.

아래의 시 「비가」는 절실한 그리움을 동력으로 지상의 별을 가꾸는 사랑에 대한 가치를 새삼 돌이켜보게 해준다.

> 또 긴 밤을 보내고 잠 깨면
>
> 살아갈 날이 아득하다
>
> 널 보내고 지나온 세월
>
> 이젠 잃어버린 길
>
> 꿈결에도 더듬는
>
> 너에게로 가는 길
>
> 어둠에 묻힌 그 교회당엘 가면
>
> 쓸쓸한 너의 눈빛 찾을 수 있을까

네가 불러주던 나직한 노래가

아직도 십자가에 걸려

바람에 흔들리고 있을까

아픔으로 버티어 선 이 세상

차마 놓을 수 없는 너의 기억

이승의 삶 다하는 날

나 바람 되어 너에게로 가리

- 「비가悲歌」 전문

"또 긴 밤을 보내고 잠 깨면/살아갈 날이 아득하다"로 시작된 시는 "이승의 삶 다하는 날/나 바람 되어 너에게로 가리"라는 결연한 의지로 끝맺고 있다. 사랑의 일념으로 시종일관하고 있다. 사랑할 때 그리고 그리움이 절실할 때 절창이 탄생한다. "네가 불러주던 나직한 노래가/아직도 십자가에 걸려/바람에 흔들리고 있을까"는 연모의 정을 저음으로 삭여 깊게 상징화한 압권이다. "널 보내고 지나온 세월/이젠 잃어버린 길/꿈결에도 더듬는/너에게로 가는 길"은 돌이

킬 수 없는 비. 그래도 아픔으로 버티어 선 이 세상 "차마 놓을 수 없는 너의 기억/이승의 삶 다하는 날/나 바람 되어 너에게로 가리"라는 결의로 승화함으로써 이 시는 그 건강성을 지켜낸다.

자아를 완성하기 위해서는 타인과 사심 없이 교류하는 것만큼 효과적인 방법도 드물다. 자아를 단련하는 데 이기심만큼 방해되는 것은 없기 때문이다. 진정한 자아는 전체와 분리된 개인이 아니라 전체에 동화된 전체 속의 개인을 의미한다. 타인은 자아와 별개의 존재가 아니라 또 다른 자신임을 깨칠 때 진정한 자유와 평화가 주어진다. 자연스럽게 하나의 전체를 이룰 수 있는 사이가 곧 가장 아름다운 관계다. 사랑이란 거리낌 없이 서로를 전체로 합하여 누리는 것으로 전체적 자아가 충일한 상태를 이르는 신이 내린 최고의 선물이다.

일관성은 신뢰의 기본으로 언행의 지도이자, 요즈음처럼 변덕이 심하고 변화무쌍한 시절에 한결 절실히 요구되는 덕목이다. 인간관계는 일관성이 근간이다. 그러나 끊임없는 자가발전과 상호노력을 동력으로 하기에 그만큼 '발전적인 일관성'을 필요로 한다. 그것에 서툴거나 안일했을 때 관계는 부실해진다.

무엇보다도 관계의 소홀을 남 탓으로 돌리는 것만큼 인간관계의 일관성을 해치는 해악은 없다.

모든 게 내 탓입니다

톱니바퀴처럼 맞물리지 못한 것
당신에게 상처가 되라고 한 것도 아닌데
자꾸 어긋나기만 합니다

아직 내가 살아있는 까닭에
내가 살아있는 만큼
당신에게 상처가 됩니다

내 탓입니다

내 못난 탓입니다

- 「내 탓」 전문

  화자는 너와 나의 관계에서 발생하는 잘못을 모두 내 탓으로 돌리고 있다. 화자의 사랑이 남녀 간의 단계에서 보편적 이타의 단계로 나아가고 있음을 알 수 있다. 에로스적 사랑에서 아가페적 사랑으로 승화한 것이다. 상대의 잘못, 그런 상대에 대한 원망, 상대로부터 기인한 상처조차도 내 탓으로 돌리는 것은 너와 나를 구분하지 않고 하나의 나로 통합할 때만 가능한 양가적 정서의 혼연일치다. "아직 내가 살아있는 까닭에/내가 살아있는 만큼/당신에게 상처가" 된다는 대목은 아직도 미성숙한 자아를 신 앞에서 참회하는 고차원적 신앙고백에 가깝다. 전체적으로 잘랄아딘 루미의 시 「여인숙」, 타고르의 『기탄잘리』, 아우구스티누스의 『고백록』을 연상케 하는 시다.

  사랑의 이상적 경지는 절대적이다. 그러나 그 현상적 주체는 상대적이다. 사랑은 독주이면서 합주이다. 상대를 위해 혼자서 자신을 낮추고, 비우고, 가다듬을 때는 독주이지만 나아가 고통과 슬픔, 외로움 등의 장애를 나눌 때는 합주이다. 전자가 상대적이라면 후자는 절대적이다. 그러니까 '너와 나'라는 분업을 통해 '우리'라는 협업이 이루어지는 것이다. 그 경우 분리는 통합의 효과적 전제이며 수단이다. 물론 둘의 이성과 감성이 동시에 제 기능을 다할 때의 이야기다. 때로 균형감각을 채 추스르지 못한 감정이 일방적으로 분출하는 돌발 상황이 발생할 수도 있다. 이때 '협업적 주체'의 위치에서 '무기력한 객체'로 밀려난 일방에겐 혼란스러운 참담함만이 허락될 뿐이다. 이 시에서 화자는 시종일관 사랑의 협업을 노래하고 있다. 따라서 겉으로는 초라한 것 같지만 그 숭고한 진의에 주목해야 시의 본질에 가까워 질 수 있다.

4. 본질에의 회향

흔히 생사를 일러서 생사거래(去來)라고 한다. 변화무쌍한 무상의 늪에서, 오고 가는 것 같은데 오고 감이 없는 것이 생명체의 실체다. 아래의 시 「꽃무릇」에서 화자는 절간 돌계단에 우두커니 앉아 종일 "당신"을 찾고 있다.

    온 것도 같은데
    온 바 없고

    간 것도 같은데
    간 바 없어서

    종일 허둥허둥 당신을 찾습니다

    절간 돌계단에 우두커니 앉아
    꽃 이파리 질 때마다
    눈물입니다

텅 비어 아득해져서

   모든 게 꿈 같습니다

   　　　　　　　　　　　－「꽃무릇」전문

 생사의 길목에서 자신의 현 위치와 지향처에 대한 본질적 질문을 던지고 있다. 그리고 결국 텅 비고 아득해서 모든 게 꿈이나 다름없다는 사실을 깨치게 된다. 이 시에서 "당신"은 단순한 사랑의 상대가 아니다. "절간 돌계단"이 상징하는 것처럼 보다 근원적인 존재다. 그러기에 여기서 눈물은 탄식이 아니라 궁극의 자아를 향한 승화를 재촉하는 에너지원이다.

 이번 시집의 여정은 다음 시 「너」에서 진리의 본래면목 같은 귀결점에 이른다.

   너를 보면 갖고 싶다

   너 이전의 너와

나 이전의 나는

이미 하나였거니

그 모든 생각 생각들이

너와 나를 하나가 아닌

둘로 갈라놓아

아스라한 기억들만 더듬게 한다

세월의 흔적을 말갛게 지워

언제쯤 그 시절로 돌아갈까

돌아보면 멀지 않은데

가까이 있어도 너무 멀어

손 내밀어도

닿지 않는다

-「너」전문

너와 나는 생명체를 구성하는 기본요소다. '너'가 없이는 내가 태어날 수 없고, 내가 없이는 삶을 지탱할 수 없는 것이 인간을 비롯한 만물의 한계이기 때문이다. 그럼에도 그 특수 관계를 헤아리지 못하고 경쟁이나 이해 관계의 대상으로 상대화하는 탓에 사회가 어지럽고 삶이 곤고하다. 화자는 이와 같은 상대성에서 벗어나 '우리'라는 우주적 실체에 걸맞게 너와 나를 일체화하고 있다. "너 이전의 너와/나 이전의 나는/이미 하나"라는 사실을 깨닫는 경우, "너를 보면 갖고 싶다"는 구절은 소유욕이 아니라 너와 내가 우주적 분업과 협업의 주체, 즉 '우리'의 공통분모를 공고히 하는 기폭제로 작용한다. 사실 이 시는 "너 이전의 너와/나 이전의 나는/이미 하나였거니"라는 구절에 이미 결론이 주어져 있다. 나머지는 그 연역법적 주석에 불과하다.

세상이 각박하고 거칠고 어둡다. 이럴수록 따뜻하고 진솔하게 이웃과 화합하는 소통의 미학이 절실히 요구된다. 시는 인간, 자연, 우주와의 진정한 소통을 추구하는 언어 행위다. 그리고 그 임무는 독자에 이르러 완수된다. 원활한 소통을 위해서는 진정성이 바탕을 이루어야 하는데 여기에서 진정성은 독자에게 다가가기 위한 치열과 성실을 뜻한다. 진정성의 전제요건은 절실함이다. 절실함은 열정을 동반하며 인간관계의 성실을 추동한다. 절실함은 권태를 극복하고 삶을 충실하게 다지는 에너지원이기도 하다. 시에서 절실함은 사물에 다가가는 기본자세로 절실함이 없는 언어는 죽은 언어로 독자들에게 감동을 주기 어렵다. 기교가 쉽게 드러나는 것보다 절실함이 정서적 배경을 이루는 시가 더 접근성에서 효과적이다. 이점에서 김현의 시는 남다른 감동과 그 공명통을 확장하는 생명력을 지닌다.

이 시집은 그동안 김현이 혼신을 기울여 쓴 고독한 영혼의 일기이며, 지난했던 자신의 젊은 날에 바치는 위로문이자 호젓한 산책길의 팡세이다. 그 핵심은 사랑이다. 그가 부단한 자아와의 대화를 독백체로 기술해 온 사랑은 절절하면서도 진솔한 실존적 화두이기에 순결한 진정성을 담고 있다. 구절마다의 함의를 되새겨보면 이성(異姓)을 향한 사적 연정을 넘어서서, 궁극적 진리와 자아완성의 고지를 향해 초

심을 잃지 않고 매진한 고차적 정신의 결정(結晶)임을 알 수 있다. 그의 시 한 구절, 시어 하나에도 마음 수련과 자기 치유의 경험칙과 담론이 주조를 이루고 있다. 무명시인으로 미처 대중화 되지 않은 그의 시적 순결성은 시중에 가볍게 난무하며 귀에 익은 시들에 비해 오히려 신선한 강점일 수 있는 것이다.

나를 떠나 나를 만나다

2023년 7월 10일 초판 1쇄 발행

지은이 김현
책임편집 송기역
디자인 조세인
펴낸이 송태영
펴낸곳 도서출판 글을낳는집

등록 2021년 5월 1일 제 2021-000018호
주소 광주광역시 동구 백서로 179 (2층)
전화 0507-1333-4435
팩스 0504-378-4435
전자우편 pirus@daum.net

ⓒ 김현, 2023

ISBN 979-11-978689-3-1 03810

※ 잘못 만들어진 책은 구입한 곳에서 바꿔드립니다.
※ 이 책 내용의 전부 또는 일부를 재사용하려면 반드시 저자와 도서출판 **글을낳는집**의 동의를 받아야 합니다.